吉浜発「つなげよう先人の教えを未来へ」

　さくらのペイントをまとった「キットずっと号」は、2013年4月からよく年4月まで、夢を叶えるイベント列車として一年間、三陸鉄道南リアス線を走りました。この車両（キハ36形－105型）は、東日本大震災の時に釜石に向かう途中でした。ちょうど吉浜にあるトンネル内を走行していて、間一髪で地震と津波からのがれることができた「きせきの車両」です。そして、お客さんの命も運転手さんの知恵と勇気によって守られました。その後、何よりも人を思うやさしい気持ち。3.11の大災害から立ち上がろうとするみんなの心が一つになり、この列車は、「キットずっと号」として復活したのです。

　実は、もう一つの奇跡が"吉浜"にはありました。吉浜地区は、東日本大震災では、被害が極めて小さかったばかりでなく、その歴史的ないきさつから「奇跡の集落」と呼ばれました。このことは、単なる偶然ではなく、先人が明治・昭和の二度の大津波から学び、一丸となって高台移転を進めてきた結果です。吉浜の人々は、高いところに家を建て、遠い道のりを、あたり前と思い漁に出かけました。そして、低い土地は、田や畑として利用してきたのです。つまり、先人の教えを今日までしっかりと守り生活してきたからこそ、津波の被害を小さくすることができたのです。

　「百年以上にわたり津波と向き合ってきた吉浜の人々の足跡をずっと未来につなげていきたい」という願いから"震災学習テキスト"は誕生しました。

　今度の「キットずっと号」のゆく先は未来です。運転手はあなた自身です。真っ白な旅行計画書に、あなた自身の旅のプランを自由にえがいてください。そして、大切な家族や友人を乗せ、本当に安心安全で楽しい未来の旅にどうぞお出かけ下さい。このテキストがあなたの旅のハンドブックになれば、とても嬉しいです。3つ目の奇跡を起こすのは、今度はあなたです。

♪「キット夢はかなうから」、吉浜か　　　　　　　　　へ♪

From Yoshihama, "Bring the Teachings of our Forefathers to the Future"

"Kitto Zutto Go" train, a special event train decorated with cherry blossoms, ran the Sanriku Railway Minami Riasu Line from April, 2013 until April of the following year.

This train (class Kiha 36, 105 form) was on the way to Kamaishi when the 2011 Tohoku earthquake and tsunami hit.

This "miracle train" was passing through a tunnel in Yoshihama and managed to narrowly escape from the earthquake and tsunami.

Thanks to the wisdom and courage of the train conductor, the passengers survived.

After that, people took care to help each other. Everyone's heart became as one to rise back up after the disaster, and this train was reborn as "Kitto Zutto Go" (Definitely Forever).

Actually, another miracle happened in Yoshihama.

In Yoshihama area, not only was there extremely little damage from the 2011 Tohoku earthquake and tsunami, but Yoshihama became known as a "miracle village" because of the historical series of events that minimized this damage.

This was not just some coincidence, but a result of their predecessors who learned from the two Meiji and Showa era tsunamis. They took these lessons to heart and moved to higher ground.

The people of Yoshihama took living on higher ground and travelling a long distance to fish as a given. Lower ground was used as fields or rice fields.

In short, because people lived their lives according to the teachings of the past, damage from the tsunami was minimal.

This "Disaster Handbook" was created in the hopes that the legacy of Yoshihama, which has dealt with tsunamis for over 100 years, would continue on into the future. The next destination for "Kitto Zutto Go" is the future. You are the conductor. Draw out the plan for your journey in the white, blank travel planner. Then get the people special to you—your friends and family—on board, and set out for a safe and fun journey to the future. It would be wonderful if this handbook could guide you on your journey. This time, the third miracle will be because of you.

♪ "Definitely your dreams will come true," from Yoshihama
"Bring the teachings of our forefathers to the future" ♪

吉浜のつなみ石
よしはま　　　　　　　いし

Tsunami Ishi of Yoshihama
(Tsunami Rock of Yoshihama)

文・絵／小 松 則 也
英　訳／Peter Frumkin
英訳協力／青 野 美 穂
(Collaboration)

このお話は、海の生き物の部分以外、実在の人物と事実に基づいて書かれています。
This story was written based on real events and real people, except for the sections with sea creatures.

昭和のはじめごろのお話です。

　海から少しはなれた場所に、大きなおむすびの形をした岩がありました。せなかには「津波記念石」とかかれていました。おもさは、「八千貫」（約30トン）とかかれています。この岩は、200メートル先から津波で流されてきた大きなごま石で、つなみ石とよばれていました。

An early Showa-era story.

　In a place not far from the sea, there was a stone that was shaped like a huge rice ball. On the back of the rock was written "Tsunami Memorial Stone." Its weight was written as 8,000 kan (30 tons). This white granite rock is called Tsunami Ishi (Tsunami Rock) because it had been washed ashore from 200 meters away by tsunami.

つなみ石は、だれからも好かれ、みんなとなかよく暮していましたが、お話が苦手でした。ですから、つなみ石は、へんじをするときは、グラ・グラと体をうごかして答えました。

Tsunami Ishi was liked by all and got along with everyone, but unfortunately he was not good at speaking. Therefore, when he wanted to respond, he shook his body GRAH-GRAH to answer.

カモメは、つなみ石の基地からとび立つとエサを食べ、運動をして帰ってきます。
「つなみ石さん、いつも使わせてもらって、ありがとうね。」
　カモメが言うと、つなみ石は、グラ・グラと体をうごかし、答えました。

Seagulls used Tsunami Ishi as a base from which to fly out for food and exercise, and come back.
"Thank you, Tsunami Ishi-san, for always letting us use you" a seagull said. Tsunami Ishi answered by shaking his body GRAH-GRAH. .

タコがつなみ石の上で、気持ちよさそうにぐっすりお昼ねをしています。
「もうおきる時間だよ。」
つなみ石は、グラ・グラ、グラ・グラと体をうごかしおしえました。

　An Octopus was taking a comfy nap and sleeping deeply on Tsunami Ishi.
Tsunami Ishi shook his body GRAH-GRAH, GRAH-GRAH, as if to say "It's time to get up."

ヤドカリの岩のぼりの日がやってきました。たくさんのヤドカリのかぞくが、岩をのぼりはじめました。つなみ石は、くすぐったくてしかたがありません。ときどき、ブル・ブルッと体をうごかして、カニたちをびっくりさせました。

Hermit crab rock-climbing day arrived. Many hermit crab families started climbing the rock. Tsunami Ishi felt so tickled. Sometimes he had to shake his body Buruh-Buruht because of the tickling, and that frightened the crabs.

8

きょうは、待ちに待った海開きの日です。浜辺ではたくさんの人たちが、およいだり、砂にねそべったりしています。

Today is the long-awaited beach opening day. At the beach, many people were swimming or lying on the sand.

つなみ石の上では、ヒトデとイソギンチャクがくにゃくにゃとおどりをおどっていました。そのよこでは、村の子どもたちが高くはねては、とびおりるあそびをしていました。みんな楽しそうです。
　ところがある日、つなみ石は土に埋められることになってしまったのです。

　　　On top of Tsunami Ishi, a starfish and a sea anemone were dancing their wiggly dance. Next to them, the children of the village were playing – jumping up upon Tsunami Ishi and jumping back down again. You could see that everyone was having fun.
　　　However, one day Tsunami Ishi became buried under the soil.

ブルトーザーがやってきました。
「土をかけないで。つなみ石は、みんなとなかよしなんだ。吉浜のためには、ひつような石なんだ」
　カニたちがさけびました。
　カモメたちは、ミャーミャー・ミャーミャーやめさせようと大声でなきました。つなみ石は、グラグラ・グラグラとからだをゆらし、いやがりました。
　しかし、そんなことはおかまいなしに、つなみ石は、土の中にうめられてしまったのです。

　A bulldozer came. "Don't cover him with dirt.
　Tsunami Ishi is everyone's friend and a stone that Yoshihama must have," the crabs shouted.
　The Seagulls cried out loudly, trying to stop the bulldozer, "Mya-mya, Mya-mya!" Tsunami Ishi resisted by shaking his body "GRAH-GRAH, GRAH-GRAH." Despite all their protests, Tsunami Ishi was covered up with soil and buried in the ground.

やがて、その上に道路ができ、車が走るようになりました。1年がすぎ、2年がすぎ、いっしょにあそんだイソギンチャクやヤドカリたちも、吉浜の子どもたちも、つなみ石のことをだんだんとわすれるようになってゆきました。
　一方、つなみ石は、何年たっても「津波から人間たちを守るのがオラの役目だ」という気持ちをわすれていませんでした。つなみ石は、土の中で、「吉浜の人達を津波がら守ってけらいね」といつも祈っていたのです。

　Eventually, a road was built on top and cars began running on it. One year passed, two years passed. Sea anemones and hermit crabs who played together, and the children of Yoshihama, gradually began to forget about Tsunami Ishi.
　On the other hand, Tsunami Ishi, though buried for many years, had not forgotten the feeling, "It's my duty to protect people from tsunami." While in the ground, Tsunami Ishi had always been praying, "Please protect the people of Yoshihama from tsunami."

つなみ石が土に埋められてから50年あまりがすぎたある日の朝、ふしぎなことがあったのです。昔、つなみ石の上であそんでいたマーくんやモンちゃん、平七くんが、つなみ石のすぐ上までやってきたのです。そして、こんな話をしていました。
「そういえば、昔、この辺りさ、大っきなつなみ石あったがなあ。」
「石の上さあがってよぐあそんだもんだ」
「なあに、今どなっては、どごさいったがわがんねえども、大津波でも来れば、上っかの土が流されで、ひょっこり出でくるもんだが」
　三人は、ぐうぜんに集まり、そして、何十年ぶりかでつなみ石のことを話したのです。
　昔、少年だった三人は、もう80さいをすぎていました。

　One morning, 50 years or so after Tsunami Ishi was buried in the ground, a strange thing happened. Mah-kun, Mon-chan and Heishichi-kun, who many years earlier used to play on top of Tsunami Ishi, came to the spot right above where Tsunami Ishi was buried, and had a conversation like this: "Come to think of it, a long time ago there was a big Tsunami Ishi around here." "We played a lot on top of that rock." "Well, that was then and this is now. We don't know where it went. If a big tsunami comes, the dirt over it will be washed off and it should suddenly appear."
　Three people had gathered by chance and talked about Tsunami Ishi after many decades.
　Once upon a time they were three boys, and now they are in their eighties.

「オラのいのりがとどいだんだ」
　つなみ石は、三人がなつかしくて、うれしくてたまりませんでした。
　でもよろこんでばかりもいられません。
「オラは、ここだ。津波が来っから早ぐ高いどごさにげろ！」
　つなみ石がからだをせいいっぱいゆらすと、地面がビクッとうごきました。

　"My prayer has been answered." Tsunami Ishi was overjoyed with nostalgia towards the three men who had remembered him. However, he couldn't just be happy. "I'm here. Tsunami is coming. Quick, escape to a high place!" Tsunami Ishi shook his body as hard as possible, and the ground above him leapt suddenly.

大きな地震がおきたのは、それからわずか4〜5時間後のことでした。ふしぎな地鳴りが沖のほうからひびいてきました。ゴーという音がし、地面が大きくゆれました。つなみ石もいっしょにグラン・グラン、グラン・グラン、グラン・グランとはげしくゆれました。大じしんがおきたのです。つなみ石は、声をふりしぼり、土の中ではじめて言いました。
「つなみがくるぞ。大つなみがやってくるぞ。人間は山さにげなさい！　海にいるものは、もっと沖さにげなさい！」

　つなみ石の低いうなり声が地鳴りのように浜や山里にひびきわたりました。
　浜には、生き物一ぴき、人間一人いなくなりました。

　Only 4-5 hours later, a big earthquake happened. A strange, rumbling earthquake sound was coming from offshore – GOHHH – and there was a big swaying of the ground. Along with the ground, Tsunami Ishi started shaking wildly GRAN-GRAN, GRAN-GRAN, GRAN-GRAN. It was a huge earthquake. From under the ground, Tsunami Ishi shouted out for the first time "Tsunami is coming. Huge Tsunami is coming. People, please escape to the mountain! Sea creatures, escape to further offshore!" His low roaring voice, like the sound of the earthquake, resounded over the beach and the mountain village. Not a single living creature or person was left on the beach.

15

それから、間もなくして、海の水が音もなくしずかにひいて行きました。やがて、見た事もない赤い海のそこがあらわれました。お魚たちは、水のない赤い海のそこでうねっていました。

　After a while, without any sound, the ocean waters quietly receded. Eventually, as was never seen before, the red ocean bottom appeared. The fish were undulating on the red, waterless sea bed.

16

そして、引いた水が何倍にもなってもどってきたのです。海の水は、沖の方からザワザワと盛り上がって岸に押し寄せ、岸壁をのみこみました。そして、高い堤防をのりこえ、陸の奥へ奥へと入って行きました。

　Next, the sea water that had receded rushed back, many times the amount. From far offshore, the ocean's water came crashing in – ZAWA, ZAWA, ZAWA – onto the shore and engulfed the wharf. The ocean went over an embankment and proceeded deeper and deeper inland.

電信柱などいろんな物がゴロゴロ・ボコボコ・ドスン、ゴロゴロ・ボコボコ・ドスンとにぶい音をたてながら、つなみ石にぶつかりながら流れて行きました。
　つなみ石は、痛みと津波のショックで知らぬ間に気を失っていました。

Power poles and all sorts of things collided with Tsunami Ishi, making dull rumbling sounds – GORO GORO, BOKO BOKO, DOSUN – GORO GORO, BOKO BOKO, DOSUN. Tsunami Ishi felt pain and shock from the tsunami, and without knowing it, faded into unconsciousness.

あの大地震、大津波から一週間が過ぎました。
「ガッガッガッツ・ガッガッガッツ」と土をほる音で、つなみ石は目をさましました。太陽の光がつなみ石の目にとびこんできました。つなみ石はゆっくりと目をあけました。何十年ぶりの青空です。その時、モンちゃんの声がしました。ついこの間、頭の上で聞いた声と同じです。

Since that big earthquake and tsunami, one week has passed. "GA-GA-GAHTZ, GA-GA-GAHTZ." The sound of something digging the ground woke Tsunami Ishi. The light of the sun jumped into Tsunami Ishi's eyes. Tsunami Ishi opened his eyes slowly. He hasn't seen blue sky for many decades. At that moment, he heard Mon-chan's voice, the same voice he had heard over his head recently.

「あっ、これ、やっぱりつなみ石だなあ。間違いね！」

「やったあ！　つなみ石が出できたぞ！　道路がけずられで、石の頭、出はってだがら、たぶんそうだど思ったんだ！」

　マーくんがこうふんして言いました。

「しかし、ふしぎなごともあるもんだ。オラどが語ってだ通りになったもんだあ。つなみ石さオラどの気持ち通じだんだべがね」

　モンちゃんが、ほにほに、ふしぎそうに言いました。「これは、歴史的な大発見だぞ。つなみ石のごど、伝えでいぐべし」

　歴史好きのツッくんが、つなみ石が出現した意味や吉浜は高台だったために被害が小さかったことなどを語って聞かせました。

「今度こそ、このつなみ石を大事にしていがねばな」

　昔少年だった三人と発掘に加わったツッくんは、心を一つにしました。

"Oh, this. It is Tsunami Ishi, after all. No mistake! Did it! Tsunami Ishi appeared! The road was scraped off and the stone head appeared. I thought it might be so!" Mah-kun said, excitedly. Mon-chan said, truly puzzled, "There are strange things that happen. That's exactly what I was saying. Tsunami Ishi connected to our feelings." Tsuk-kun, who likes history, was explaining, "This is a great historical discovery. These events about Tsunami Ishi should be told and retold." He was telling the meaning of Tsunami Ishi's reappearance, and also, the fact that because Yoshihama is on high ground, the damage was small. "This time we must take care of Tsunami Ishi." The three men, who were once boys, and Tsuk-kun, who was involved in the excavation, were of one mind.

東日本大震災から3年半がたちました。大きな被害をうけた三陸鉄道も、全線で復活しました。南リアス線もにぎわいがもどってきました。「ピーッ」という音をならしながら赤と青のラインの三鉄列車が山里を走って行きました。

　　Since the Great East Japan Earthquake, three and a half years have passed. After the devastation that Sanriku Railway experienced, all of its lines have recovered. South Rias Line's bustling activity came back. The Red and Blue Sanriku Railway train, with its high, wailing sound "Beeeeeeeeee," was passing by the mountain village,

つなみ石を見つけた、カモメが言いました。
「つなみ石さん、やっとお会いできてうれしいです」
「つなみ石さんのことは、おじいさんのそのまたおじいさんから聞いていました。吉浜のために、なくてはならない大事な石だって」
「おかげさまで、震災があってもみんな無事でした。たすけてくれて、ありがとうね。」
　つなみ石は、うれしそうにグラ・グラ・グラと体をうごかして答えました。

　A seagull, who found Tsunami Ishi, said "Tsunami Ishi-san, I'm so happy to meet you at last. I have been told by my grandfather, who was told by his grandfather, that Tsunami Ishi-san must be here for Yoshihama. You are a very precious rock. Thanks to you, even though there was an earthquake disaster, everybody is safe. Thank you for saving us." Tsunami Ishi responded by happily shaking his body GRAH GRAH GRAH.

つなみ石は、津波のこわさを伝える津波石として、命の大切さを伝える津波石として国内はもちろん、外国でも広くたくさんの人に知られてゆくでしょう。
「吉浜のつなみ石」は、今もこれからもずうっとみんなのことを見守っています。

　Tsunami Ishi will become widely known, not only domestically but to many people in foreign countries, as the Tsunami Rock that warns of the dangers of tsunami, and also as the Tsunami Rock that conveys the importance of life. Tsunami Ishi of Yoshihama is watching over everyone, for now and forever.

英訳：Peter Frumkin（ピーター・フランキン）
ニューヨークに生まれ育つ。現在もマンハッタンに在住。俳優、音楽家を経て、現在はグラフィックアーチストとして活躍中。日本文化をこよなく愛し、公私にわたり何度も日本を訪れている。

吉浜の「津波石」
「つなみ石の絵本」ができるまで

作者 小松則也

　津波で運ばれて来た岩石を「津波石」とよびます。昭和8年の三陸大津波で大船渡市三陸町吉浜に流れ着いた津波石は、縦3.7メートル、横3.1メートル、高さが2.1メートルもあります。重さは「重量八千貫」とありますから、およそ30トン。ゾウであれば6頭分の重さがあります。

　この津波石の正面上の方には『津波記念石』と大文字で彫られ、下の方には『前方約二百米突吉浜川河口ニアリタル石ナルガ昭和八年三月三日ノ津波ニ際シ打上ゲラレタルモノナリ重量八千貫』と刻まれています。

　この碑文から、この石は昭和8年3月3日に発生した昭和三陸地震で発生した大津波により、200メートル先の吉浜川河口付近から押し流されてこの場所に移動してきたことが分かります。誰が指示し、誰が彫ったのかは分かりませんが、当時の村民が後世への戒めにと碑文を刻んだにちがいありません。

　第1発見者の柿崎門弥さんらによると、当時は子供たちがこの津波石に上ったり飛び降りたりして、よく遊んだといいますが、その後、新しい漁港の整備にともなって津波石の上に道路ができることに

なりました。移動するという話もあったそうですが、結局は埋められてしまいました。昭和35〜36年頃のことです。

　それから約50年もの間津波石は土の中に埋もれ、やがて、津波石の存在は誰の記憶からも消えていきました。

　月日は流れ2011年（平成23年）3月11日。東日本大震災の大津波が堤防や道路を破壊し、表土をはぎとっていきました。そしてこの津波石は50年ぶりに姿を見せたのです。しかし、このとき津波石は、土の中から頭を出しただけの状態でした。柿崎門也さんや楓木澤正雄さんらによる奇跡的な発見がなければ、まだ埋没したままだったかもしれません。

　震災発生当時、死者、行方不明者の数が日々増えるなか、日本全国が暗いムードに包まれていました。そんな中で、吉浜の津波石発見の知らせは、「闇に輝く一点の光」のように私には思えました。この津波石が吉浜の人たちを守ってくれたように私には思えたのです。「よし、"つなみ石"のことを、絵本にかいて子どもたちに伝えていこう。」私は、そう心に誓ったのです。こうして、"吉浜のつなみ石"の絵本ができたのです。

東日本大震災で再び地上に現れた「津波記念石」（写真提供／イー・ピックス）

「津波石」との出合い

柹木澤正雄
（はのきざわまさお）

　80才を過ぎて定まった仕事もなく、毎日の日課は散歩することでそれが唯一の楽しみだ。コースは家から約600メートル離れた海岸の防波堤。いつも午後2時頃に家を出て3時頃に帰って来る。散歩仲間は、同級生の柿崎門弥くんと二つ年上の白木澤平七さんだ。

　あの日、3月11日。この日に限って午前10時半頃に散歩に出かけた。何の打ち合わせをした訳でもないのに、偶然の一致か二人のメンバーも先に来ていた。散歩した後、堤防に腰を下ろし、いつものように昔話にひたる。話が進むにつれ、いつしか津波石の話になっていた。

　「俺らが小さい頃、橋の向こうに『津波記念石』と彫った大きな石があって、その上にあがってよく遊んだものだ。今では道路ができて土に埋まって約半世紀にもなる。誰の記憶からも消えて、このまま永久に日の目も見ないなんて惜しいなあ。今あれば、『津波を考える石』として町の文化財になっていただろうに…」と言うと、「そのうち大きな津波が来て道路も流され、また姿を現す時が来るさ…」と柿崎くんが冗談を言う。

　そんな会話をしながら帰路に着いた。

　その4時間後の出来事だ。言った言葉が乾かないうちの誰もが忘れることができない大津波の来襲だった。

　その日は、誰もが津波の話一色で一昼夜が過ぎた。次の日の朝、一人で散歩コースを見に行ったら、柿崎君も来ていた。二人は無言で顔を見合わせ、ただただ唖然とした。見れば向かい側の道路も崩れ落ち、見るも無惨な瓦礫の山となっていた。言うまでもなく二人は昨日の話に戻った。

　「おい、昨日の話だが、津波石に頼まれて津波を呼んだようなものだ。あの石が出て来たんじゃないかな…」などと語り合った。その場所まで行ってみたかったが、途中の橋が落ちてしまって行くことができず、その日は確かめることができなかった。

　それから2週間後。向こう岸を通る仮設の道路ができたので、柿崎くんがバイクで行ってみると、崩れ落ちた道路の下に「津波石」らしいものが見えているという。それが本物ならたいへんな発見だと思い、吉

浜の歴史などを研究している木村正継くんや、昔、道路工事に参加したという木川田平三郎くんにも呼びかけて、四人でスコップなどを持って行ってみた。すると1メートル四方くらいの石が頭を出していた。

それからみんなで掘ること2時間余り。掘っても掘っても一字の文字すら見えてこない。土が固くて人の力ではこれ以上は無理と諦めかけた時、木村くんが流れ着いたバケツで水を汲み、泥のついた石にかけると泥が流れ落ち、何と『津波記』の三文字がくっきりと見えるではないか。

やはり、この石は「津波石」に間違いなかった。

その後市役所に出向いて市長さんに事の詳細を報告したところ、市長さんもたいへん関心を持ってくださり、「後日、瓦礫の片付けに重機が入るから、それを利用して掘ってみましょう」ということになった。

津波石の上に乗って水をかける枛木澤正雄さん

「津波石」との出合い

梯木澤正雄

そして二カ月後。津波石のところに重機が到着し、同時に新聞・テレビなどの報道陣も押しかけて来た。みんなが固唾(かたず)を飲んで見守るなか、水をかけながら重機で土を取り除くこと３時間半あまり。ようやく津波石は全体の姿を現し、半世紀ぶりのご対面となった。その時の感動は今でも忘れることができない。

石の正面には大きな文字で『津波記念石』とあり、その下には『前方約二百米突吉浜川河口ニアリタル石ナルガ昭和八年三月三日ノ津波ニ際シ打上ゲラレタルモノナリ重量八千貫』と刻まれてあった。石の体積は、縦3メートル70センチ、横3メートル10センチ、高さ2メートル10センチの誠(まこと)に大きな石だ。これを200メートルも運ぶ津波のエネルギーはものすごいものだと思う。

せっかく現れたこの大石が、今後二度と没することがないようにして、津波の威力(いりょく)を永久に後世に伝えていってほしいものだ。

昭和の大津波の時、この津波石は遙か200メートル先から運ばれてきた

29

吉浜湾のアワビ漁。
吉浜のアワビは「キッピンアワビ」と言われ有名です
(写真提供／イー・ピックス)

三陸町「吉浜」と津波の歴史

岩手県　大船渡市

　吉浜は明治から平成にかけて、三度の大津波を経験してきました。

　明治29年6月15日（1896年）の明治三陸大津波。昭和8年3月3日（1933年）の昭和三陸大津波。そして平成23年3月11日（2011年）の平成の三陸大津波（東日本大震災）です。

　この三度の津波と吉浜の人たちがどのように向き合ったかをご紹介します。

吉浜 奇跡の集落

吉浜は今回の東日本大震災で最も被害が少なかった地域として日本だけでなくアメリカ・オランダ・中東など世界各国からも注目され、「奇跡の集落」(アエラ／2011年5月合併増刊号)や「ミラクルビレッジ」(ジャパンタイムズ)などと紹介されました。壊滅的な被害を受けた沿岸地域が多い中、どうして吉浜が最小の被害にとどまったのでしょうか…。

◆―人口の2割が犠牲になった 明治の大津波

　吉浜地区は、何度も津波を経験しています。そのうち被害が多く伝えられているのが1896年（明治29年）の明治三陸大津波と1933年（昭和8年）の昭和三陸大津波です。明治三陸大津波の規模ですが、高さは本郷地区で24.4メートル、根白地区で13.6メートルに達したそうです。この津波により87戸のうち35戸の家が流され、吉浜村の人口1,059人のおよそ2割にあたる約210人が津波の犠牲となりました。

　この惨状を目の当たりにした初代村長 新沼武右衛門は、次に来る大津波にそなえ、村人の命を守るために全部の家を高台に移すことを決意します。新沼村長は、まず生活に欠かせない主要な道路を海沿いから高台へと作り直すことを考えました。やがて生活道ができていき、それにともなって住まいは、高い所、より高い所へと建てられ

新沼武右衛門村長

ていきました。墓地も現在ある高い所に準備しました。高台への集団移転が成功した理由としては、村人のことを第一に考える新沼武右衛門村長に対する厚い信頼感があったからだと考えられます。

◆―高台移転の正しさを証明した 昭和の大津波

　それから37年後の昭和8年、吉浜村はまたしても津波に襲われました。この時の波高は本郷地区で9.0メートル、根白地区で16.1メートルありました。1,145人の村民のうち17名が死亡し、233戸のうち16戸の家が流されました。その家々は、明治の津波の後に建てられましたが、土地の高さは、大津波に対して十分ではなかったのです。それでも高台移転をしたことにより、明治の津波の時に比べ被害が小さかったことは誰の目にも明らかでした。村人たちは、「高台に集団移転した選択はまちがいではなかった」と確信しました。八代村長 柏崎丑太郎は、損害を受けた一部の地域を国や県の資金援助を受けて、より安全な県道と同じ高さかそれよりも高い場所に移す計画を開始しました。役場や郵便局も高台に移動しました。その復興地は、下通り地区、

Yoshihama, Miracle Village

Because it was one of the least damaged areas from the 2011 Tohoku earthquake and tsunami, the Yoshihama region was covered in the news not only in Japan but in America, the Netherlands, the Middle East, and around the world. Yoshihama was declared a "Miracle Village" by publications such as Aera and the Japan Times. In a coastal area suffering devastating damage, why did Yoshihama manage to keep damage at such a minimum?

Meiji Era Tsunami: 20% of the Population Dead

The Yoshihama area has experienced tsunamis many times. Among these tsunamis, two well known for damage were the Meiji Sanriku Tsunami of 1896 (Meiji 29) and the Showa Sanriku Tsunami of 1933 (Showa 8). The Meiji Sanriku Tsunami was 24.4 meters in the Hongo area, and reached 13.6 meters in the Konpaku area. Thirty-five out of 87 residences were washed away by the tsunami, and approximately 210 out of 1,059 people, about 20% of Yoshihama's population, were killed.

The first mayor of Yoshihama, Buemon Ninuma, who witnessed this disaster, decided to move all houses to higher ground in order to protect the lives of residents in the next tsunami. Mayor Ninuma decided that the first necessary step was to build major roads necessary for daily life between the coast and higher ground. Finally, the roads were built, and the houses were built on still higher ground. A graveyard was also built on higher ground and remains there today. One could say that the reason the move to higher ground succeeded was because people really trusted Major Ninuma, who put his residents first.

Proof that Higher Ground was Necessary: Showa Tsunami

Thirty-seven years later, in 1933 (Showa 8), Yoshihama Village was once again struck by a tsunami. This time, the water reached 9.0 meters in the Hongo area, and 16.1 meters in the Konpaku area. Out of 1,145 residents, 17 were killed, and 16 out of 233 houses were washed away. The destroyed houses were built after the move to higher ground, but they were still built in too low of an area. Even so, it was clear to everyone that because the village had moved to higher ground, damage was minimal compared to the Meiji Tsunami. Residents were reassured that the move to higher ground was not a mistake. The 8th mayor of the village, Ushitaro Kashiwazaki, received monetary assistance from both the prefecture and the country for the damaged area, and started a plan to move the

Buemon Niinuma

Ushitaro Kashiwazaki

柏崎丑太郎村長

中通り地区に存在します。そして、津波をかぶった低地の集落跡を水田へと替えていきました。

◆──最小の被害で済んだ東日本大震災

2011年3月11日（平成23年）東日本大震災津波における吉浜地区の被害は、『行方不明者1名。越喜来地区の老人ホーム「さんりくの園」に入所していての犠牲者は11名にも上りました。また、民家4戸が被災し、漁協事務所や倉庫、養殖いかだ、定置網の資材等、漁業関係施設は潰滅。沖に避難した11艘を残して300艘の船を流失しました。』（吉浜津波記念石「奇跡の集落」より引用）

18メートルもの巨大津波によって堤防はこわされ、水田の表面は削り取られ、稲を作ることはできなくなりました。多くの漁船が流され漁業施設や水田などは大きな被害を受けましたが、吉浜地区内の人的被害は1名、被災家屋は4戸にとどまりました。この被害は他の地域と比べ極めて小さなものです。

◆──"高台移転のルーツ"「奇跡の集落」と紹介される

東日本大震災発生後の2011年5月、朝日新聞雑誌「アエラ」で編集部の常井健一さんが、吉浜地区を"高台移転のルーツ"「奇跡の集落」と紹介しています。その後、6月12日付THE JAPAN TIMESにおいて吉浜地区は、"Miracle village"「奇跡の集落」であると海外で報じられました。取材をした記者は、ジャパンタイムズの編集担当補佐 Edan Corkill（イーデン・コーキル）さんです。コーキルさんは、日本の津波史に興味をもちました。「特にも過去の経験を踏まえ先祖の教えに従ったお陰で被害を逃れた」吉浜地区の物語に感銘し、その事実と大切さをジャパンタイムズの新聞で伝えています。吉浜地区の人々は、漁師もそうでない人も高台に家を建て生活することをあたりまえのように思っています。また、平成の大津波が「太平洋から集落の下側へ激しく流れ込んできた時、ある種の畏敬の念をもってその光景を眺めていた」と記しています。それは、自然の猛威に対するおそれの気持ちであり、また祖先が高台移転を完成させ命を守ってくれたことに対する感謝の気持ちだったのです。

「奇跡の集落」吉浜は、決して偶然ではありません。初代村長 新沼武右衛門と八代村長 柏崎丑太郎の二人の村長の強力な指導の下、"高台集団移転"は、先人たちの苦悩と英知と努力の上に成し遂げられました。そして、吉浜の人たちは、海まで距離があっても、それを不便とも思わずに、今日まで先人の教えを守り通してきたのです。「奇跡の集落」と呼ばれる理由がここにあります。

尚、「奇跡の集落」吉浜地区が、防災意識を「高める」「広める」「伝える」防災モデル地区としての役割を担いつつ、他地区の防災まちづくりの参考となることを切に希望します

village to levels as high as or higher than safer pre-fectural roads. The city hall and post office also moved to higher ground. The areas from this plan are in Shimodoori and Nakadoori areas.On the lower ground hit by the tsunami, the remains of the village was turned into rice fields.

Little Damage: 2011 Tohoku Earthquake and Tsunami

On March 11th, 2011 (Heisei 23), the damage in Yoshihama from the Tohoku earthquake and tsunami was as follows: "One person missing. Victims totaling 11 people who were all in the local senior home "Sanriku no En" in Okirai area. 4 homes were destroyed, and buildings related to fishing such as the fishing council office and storehouse, farming rafts and stationary net materials were destroyed. Other than 11 boats which were safe offshore, 300 boats were lost." (Quote from Yoshihama Tsunami Monument "Miracle Village")

The tsunami, a huge 18 meters high, destroyed the seawalls and shaved off the surface of the paddy fields, making rice farming no longer possible. Many fishing ships were washed away and fishing facilities and paddy fields were heavily damaged, but there was only one death in Yoshihama and only four homes were destroyed. Compared to other regions, this was not much damage at all.

History of "Miracle Village" Introduced to World

After the Tohoku earthquake and tsunami, in May 2011, an editor and reporter named Kenichi Tokoi from the Japanese weekly magazine "Aera" published by Asahi Shinbun, introduced Yoshihama as "Higher Ground: History of Miracle Village." Then, on June 12, The Japan Times reported to overseas that Yoshihama was a "miracle village." The reporter who gathered information for the piece was Edan Corkill, an assistant editor in the Japan Times. Corkill was interested in Japan's tsunami history. He was taken by Yoshihama's tale "especially because since villagers were saved by learning from experience and following the teachings of their predecessors" and relayed those facts and their importance in the Japan Times. The people in Yoshihama, both those who are fishermen and those who are not, take building and living in houses on high ground as a given. The article also writes that when the 2011 tsunami came " crashing in from the Pacific Ocean into the lower part of the village, people watched with a kind of reverence." What they were seeing was both fear directed toward the power of nature, and gratitude to the ancestors who saved their lives by moving the village to higher ground.

Yoshihama being a "miracle village" was no coincidence. Under the powerful guidance of two mayors, Buemon Ninuma and Shintaro Kashiwashigi, the move to higher ground was accomplished through the wisdom, effort and suffering of village predecessors. The people of Yoshihama did not think of the distance from the sea as too inconvenient, and obeyed the teachings of their predecessors. This is the reason why Yoshihama became a "miracle village."

The "miracle village" of Yoshihama, which serves as an example to "heighten, spread, and teach to the next generation," earnestly hopes that it can provide reference for disaster management in other areas.

英訳：Anna Thomas（アンナ・トーマス）
アメリカ合衆国オレゴン州出身。矢巾町在住。
2010年英会話教師として来県。「国際交流センター」や「ホテル安比グランド」で働きながら「日本語能力試験最高レベルN1」に合格。「奥州市ILC国際化推進委員」として'16年まで非常勤特別職。本テキストの「つなげよう先人の教えを未来に」と「吉浜 奇跡の集落」の英訳を担当。

◆監修

木村 正継（きむら まさつぐ）

郷土史研究家。
元大船渡古文書之会会員「旧気仙郡内の村肝入の手引書」作成に関わる。
三陸町吉浜さんりく啄木会会長。唐丹の歴史を語る会副会長。
大船渡市吉浜在住。

◆関係人物紹介

常井 健一（とこい けんいち）

1979年茨城県笠間市生まれ。
ノンフィクションライター。
朝日新聞出版に入社。「AERA」で政界取材担当記者。
2011年3月12日より宮城県内の被災地を一週間に渡り取材。
以降、半年間で3度現地に入った。
「AERA」2011年5月2・9日号では、大船渡・吉浜地区での取材をもとに
「『奇跡の集落』に学ぶ」を執筆。
退社後、オーストラリア国立大学アジア太平洋研究学院客員研究員。
著書に、『小泉進次郎の闘う言葉』（文春新書）他。

Edan Corkill（イーデン・コーキル）

ジャパンタイムズ編集担当補佐、生活・文化部長、オーストラリア出身。
シドニー大学文学部日本文化学科を卒業後、1997年に来日。
「Japanese Art Scene Monitor」(オーストラリア大使館発行)の企画・編集、
その他寄稿活動。
2007年にジャパンタイムズの記者として入社。幅広く記事を執筆。

注1）・注2）
「わたしが見た3.11の震災被害と日本人」
講演資料
地域フォーラム2014年3月
相模原市　相模女子大学

＜参考資料＞
・復刻版 明治29年「風俗画報」臨時増刊 大海嘯被害録
　マヨヒカ遠野文化友の会 vol.2/2012
　遠野市立遠野文化研究センター発行　荒蝦夷発売
　2012.3月第一印刷所
・「吉浜村にて海嘯の際 大石に分して缺落たるの画」画添付
・朝日新聞出版AERA 2011年5.2-9 合併増大号アエラ

ビスカイノと慶長の大津波

Column 1

　慶長16年（1611年）、イスパニア（今のスペイン）の使節セバスチャン・ビスカイノはスペイン国王の命を受け日本近海を測量する名目で、ジパング（日本）近海にあるとされた金銀島の調査をするため日本にやってきました。

　ビスカイノは徳川幕府と伊達政宗の許可を得て三陸沿岸を北上。気仙沼・陸前高田（今泉）そして大船渡（盛）へとやってきました。

　『ビスカイノ金銀島探検報告』によると、大船渡に入港したのは旧暦11月30日（新暦10月26日）。ビスカイノは大船渡湾が良港であるのに感嘆し、この日がキリスト教の聖人・聖アンデレの祝日だったので「サン・アンドレス」と名付け航海日誌に記しました。そして2日後の旧暦12月2日、さらに北に向かって航海を続けます。

　三陸町の越喜来沖を航行していると、陸で男女がみな山に向かって逃げるのが見えます。これまでビスカイノの船を見るとみな船に寄ってきていたのに、ここでは逃げているので不審に思っていると、じつは大地震があり津波が押し寄せ逃げていたことがわかったのでした。ちょうどこのことが起きたのが午後5時頃で、ビスカイノの後続の船二艘は沈没してしまったといいます。

　探検報告によると3日には「根白Cenbazuにて過ごせしが、同村は高地に在り海水之に達せざりき。我等は十分の給與を受け、航海士等は太陽を測りて四十度の所に在る事を発見せり…」と書かれており、ビスカイノ一行は吉浜の人たちに厚遇を受けたことが書かれています。

　ビスカイノはここで測量を中止し、再び南下。そして伊達政宗の援助で帰国のための船を建造しスペインに帰国しました。この船こそが歴史に残る「サン・ファン・バウチスタ号」で、この船でビスカイノと共にスペインに渡ったのが伊達政宗の命を受けた支倉常長一行の「慶長遣欧使節」だったのです。

　世界史に刻まれた「慶長遣欧使節」の陰に、実はビスカイノ一行の津波との遭遇があったのです。三陸沖の地震と津波が、世界の歴史をも大きく揺り動かしていたことになります。

航空写真で見る 吉浜地区の浸水の様子

左の写真は1977年（昭和52年）の航空写真。右の写真は2011年（平成23年）の東日本大震災後に撮られた航空写真ですが、ほとんど被災し

1977年(昭和52年)10月13日撮影の三陸町吉浜の航空写真(写真／国土地理院提供)

ていないことが分かります。
　これは、2度の津波の経験を元に道路を浸水域より高台に移し、住宅は道路よりさらに高い場所に移転し、浸水域には住宅を建てずに田畑にするという先人たちの地道なまちづくりの成果といえます。

凡例：
- 国道45号
- 現在の県道250号
- 明治の津波後に移設した道路
- 明治の津波前の道路
- 東日本大震災の浸水域

2011年（平成23年）12月2日撮影の三陸町吉浜の航空写真（写真／国土地理院提供）

39

昭和三陸津波回想

三陸町綾里の畑中冨(はたなかゆたか)さんが、自分が子どもだった頃に経験した昭和の大津波のことを家族に語ったテープが保存されていました。インターネットからダウンロードし、語りの全文を肉声で聴くことができます。
（ダウンロード方法は41ページ参照）

◆─畑中冨さんのお話 (聞き取り昭和60年)

　昭和8年の、三陸津波の時ぁ地震が大っきがったの。大っきくて大っきくてね。ばぁさんがそん時ぁ6年生だったの。6年生で、ほら、地震があんまり大っきいから目覚ましたっけね。いづまでたってもその地震がやまなくてね。そして、ばぁさんの親の人ぁ「こんなに地震が大きくてぇ、戸開がなくなっから大変だから戸開けべ」ってね。そして、雨戸開けだれば　沖の方、輝いだんだど。天の昼間の様にね。明治の津波の時もほら、沖の方、地震よったっけ輝いだんだっつぁな。

　「駄目だ。ほら、お前がど起きろ」って、「津波だから」って。ばぁさんがど起ごされだの。そしてね、「津波だから高げぇどごさ逃げろ」ってね。裸足のまんま寝床から跳ねおぎて、皆逃げだの。そって、隣の人どさ叫び叫びね。そん時の朝間ね。雪だが霜だが降ってだったぁな。ちょうど、裸足で逃げだったがら冷たがったのさ。そって、山のてっぺんにふきだまってだどもね。なかなか津波も来ねぇしね。近所の人どぁ、しゃべっこどしたんだ。ほんで、おらども下がんべって、一回家さ帰ったんだ。だども、油断すんなってな。ゆり返し来るがら。

　ゆり返しが来たどきあ、火燃してあだってたんだ。今度こそ津波が来るんだから、「ちゃんと足袋だの草履はげ！」ってね。半てん着て、草履はいで足袋はいで、炉端さ火燃して。そして、バケツさ水ぎっちり汲んできて、置いてね。そこさね。そして、あの鉄鍋持ってきて置いたんだ。家がつぶれても火事にならねぇ様に。でっけぇ鍋持ってきて炉端さ置いて、炉さみんなあだってだの。家内中。

　ばぁさんの親はね。小せぇ子どもちゃんとおぶって、炉端さあだってだのね。待機してたの。そったらね。まだグラグラグラグラ、グラッってゆったんだ。ばぁさんの親の人はさ「ゆり返しだぞ！」って。そったら、サァーーって今度ぁね。恐ろしい台風の様な音ぁしたんだ、風みたいなの。サァーーー、ガラガラガラガラガラ。サァーーーって。そったっけね。電気ぁ、すうーっと消えそうになったんだ。「そら！今度こそ津波だ！」って。まだ逃げだの。んだどもね。ちゃんと準備がいいからね。そら、燃えてだ火さば、鍋をかけて。バケツの水ば、ぎっちりその炉端さ置いて。ほら、火ぁ消える様にね。そって、水桶寄せて置いどいだの。

　それがら、まだ周りの人さ「今度こそ津波だがら逃げろ！」って。叫び叫びね。逃げたんだ。

畑中冨さん

畑中さんの「昭和三陸津波回想」のお話しを無料でダウンロードすることができます。
イーハトーヴ書店(http://ihv.jp)のトップページのダウンロードボタンでダウンロードしてください。

　6年生だったんだ。そん時。逃げででもさ、頭の上、津波通っていぐんでねぇべがど思って、腰ぁ抜けてね。腰ぁ抜けて、とても歩かれねんだがら。
　そして高い所さ行ったっけさ。海っぱたの人ぁね。「あぁ、わらし置いてきた」「あぁ、ばあさん置いてきた」って、泣き泣きね。その分、おらの親ぁね。年寄りの話、ちゃんと聴いてだがら。そんでほれ、助かったの。幸い家も流れねがったどもね。家の脇まで来たったの。水が。そんだがらね。山のてっぺんさ上がった時ね。皆着てだもの、皆その家の流れだ人どさ着せだの。そしてね。草履を履かせだりね。着物脱いで着せだりしたの。
　まず、年寄りの話に無駄ねえのす。年寄りの語るごど、ちゃぁんと聞いでねぇばわがんねぇの。先祖代々、津波の来る時ぁ、戸を開けて、最初、沖の方眺めで見ねばわがんねんだって教えられたの。だがら、大っきい地震があったら、津波だど思わねばわがんねぇごどだ。
　そして朝まんなったっきゃな。死骸が、そっちさもゴロゴロこっちさもゴロゴロってね。知ってる死んだ人もあった。頭ぁザクロのように割れで砂詰まったり。下の方の人だずぁ、油断してだの。
　だがら、年寄りの話ちゃんと聞いでねぇばわがんねぇの。一回逃げだ時ぁね。まわりの人ぁどがら、しゃべっこどされだんだ。「いづもこうして騒ぐ」って。んだども、「こんな時、ちゃんと寝られねぇがら。わらしょど着物着ろ」って。「足袋もはぐべし」って。昔はな。目と耳と。そのさらに昔の人の言い伝えを全部守ってきてんだがら。昔の人の語る話にぁ無駄ないの。テレビもラジオも無い時だったしさ。うん。だがら、婆さんの親ぁど、昔の人の語った事、ちゃんと聞いて守ったがらね。たとえ家が流れでも死ななかった。うんだがら。婆さんは、親ぁ偉いなぁ、ありがたいなぁって、今でも思ってんの。
　………………………………………どんどはれ。

（一部を省略したり要約したり、全文の三分の一程度を掲載しました）

| 資料 | 明治・昭和・平成の津波被害 |

●明治三陸津波の家屋人命被害（明治29年発生）

町村名	被害前戸数	流失全戸数	被害前人口	死者数	死亡率
	（戸）	（戸）	（人）	（人）	（%）
綾里村（現大船渡市）	367	296	2251	1269	56.4
越喜来村（現大船渡市）	316	126	2395	460	19.2
吉浜村（現大船渡市）	87	36	1059	204	19.3
唐丹村（現釜石市）	446	364	2525	1684	66.4
田老村（現宮古市）	345	345	2248	1867	83.1

『三陸大海嘯岩手県沿岸被害調査表』収録「岩手県管内海嘯被害戸数及び人口調査（明治29年7月15日調べ）

●昭和三陸津波の家屋人命被害（昭和8年発生）

町村名	被害前戸数	流失全戸数	被害前人口	死者数	死亡率
	（戸）	（戸）	（人）	（人）	（%）
綾里村（現大船渡市）	414	254	2772	184	6.6
越喜来村（現大船渡市）	490	124	3202	87	2.7
吉浜村（現大船渡市）	233	16	1145	17	1.5
唐丹村（現釜石市）	550	262	3697	359	9.7
田老村（現宮古市）	796	500	4945	972	19.7

『岩手県昭和震災誌』収録

●平成三陸津波（東日本大震災）の家屋人命被害（平成23年発生）

町村名	被害前戸数	流失全戸数	被害前人口	死者数	死亡率
	（戸）	（戸）	（人）	（人）	（%）
綾里村（現大船渡市）	870	145	2,906	26	0.89
越喜来村（現大船渡市）	1,100	264	2,928	96	3.28
吉浜村（現大船渡市）	486	2	1,460	1	0.07
唐丹村（現釜石市）	805	254	2,106	21	0.10
田老村（現宮古市）	1,593	1,550	4,434	181	4.08

※綾里・越喜来・吉浜の「被害前戸数」「被害前人口」は『大船渡市統計書』（平成22年9月30日）より引用。「流出全戸数」は、大船渡市ホームページ掲載の「2，地区別被害状況　（5）三陸町綾里」から「全壊」の「り災証明書発行数」を、「死者数」は同じく「死者・行方不明者」を便宜的に引用。「死亡率」は「死者・行方不明者」を「被害前人口」で除して算出。

※唐丹の「被害前戸数」「被害前人口」は平成23年2月現在の数。「流出全戸数」は「全壊」の「り災証明書発行数」を、「死者数」は「死者・行方不明者」を便宜的に用い、「死亡率」は「死者・行方不明者」を「被害前人口」で除して算出。

※田老の「被害前戸数」「被害前人口」は平成23年3月1日現在の数。「流出全戸数」は「全壊」の「り災証明書発行数」を、「死者数」は「死者・死亡認定者数」を便宜的に用い、「死亡率」は「死者・死亡認定者数」を「被害前人口」で除して算出。

吉浜村と唐丹村の教訓からつくられた
「三陸地方震災復旧資金」

Column2

山下文男著
『津波と防災』

　明治の津波で大きな被害を被った三陸沿岸の各町村でしたが、わずか40年で昭和の大津波を経験することになりました。しかしこの40年間の街づくりの違いが、明らかな被害の違いを生むことになりました。昭和の大津波の後に岩手県の復興アドバイザーになった、文部省の外郭団体である震災予防評議会幹事の今村明恒博士は、明治の大津波後高台移転に成功し昭和の大津波では被害を最小に食い止めた吉浜村と、様々な事情のために高台移転をなしえなかった唐丹村の大きな被害をつぶさに見て、高所移転の重要性を国に建議。これにより「三陸地方震災復旧資金」が国により被災自治体に貸し出され、高所移転が推進されました。

　山下文男著『津波と防災』（古今書院刊）から、そのいきさつを紹介いたします。

　三陸海岸は沖に地震津波の巣（日本海溝）を抱えているばかりではなく、地形が津波に弱い「日本一はおろか世界一」の「津波常習地」であるにも関わらず、これまで然るべき防災措置を講じて来なかったのは、「文明人としての恥辱である。それには我々の如き学徒にも責任はあるが、其の局に当

たる役人や、自衛の道を講じなかった居住者もまた責任の一半を分かつべきである」。かくして「住宅は必ず津波の魔手の届かない位置に選ぶべきである」「浪災予防法として最も推奨すべきは高地への移転なり」という、内務省への今村明恒博士の建議が、国の方針として採用され、大蔵省預金部による「三陸地方震災復旧資金」として低利資金の融資（岩手県分、11,071,000円）の裏付けも得て、住宅の高所移転を中心とする復興計画が策定された。（中略）

　これで、具体的な高所移転計画の策定と実行が、各町村で一気呵成に進み、津波後わずか2年そこそこの間に、岩手県だけでも約2200戸の集団的移転を含む約3000戸の高所移転が実現して三陸海岸の集落の住宅地図は一挙に塗り替えられることになった。

　この記述を見てもわかるように、明治の津波以降に行われた吉浜村の高台移転は先駆的な事業であり、また今においても通用する普遍的な街づくりだったことがわかります。

つなげよう未来へ
次代へつなぐ吉浜の取り組み

　吉浜では、先人から伝わる津波に対する高い防災意識が、「3.11」の大津波から多くの命と財産を守りました。
　吉浜地区では、この先人たちの教えを今一度思い起こし、次の世代に向けて明治・昭和・平成の大津波の教訓を伝えようと、さまざまな活動がなされています。

「スネカ」は大船渡市三陸町吉浜で毎年1月15日に行われる恒例行事
秋田県男鹿のなまはげと共通点があり、鬼に似たお面をかぶった役者が各家々をまわり、怠けている者への戒めを行う。衣装はなまはげと似た格好だが、地元特産のアワビの殻が付いており、歩く度に『ガラガラ、ガラガラ』と音を立てる。これがスネカの訪問の合図となり、子供たちの恐怖心をあおる。2004年（平成16年）2月16日には重要無形民俗文化財に指定された。（写真提供／東海新報社）

吉浜小・中学校の取り組み

石碑づくりに共に参加する生徒たち

　吉浜中学校の生徒たちは、東日本大震災の記憶を風化させないための「津波記憶石」の建立の活動に住民とともに積極的に関わってきました。「津波記憶石」の除幕式は、2014年3月25日に行われ、吉浜小の児童、中学校の生徒や地域住民ら約200人が出席しました。石碑は、黒御影石製で、高さ2メートル。正面に「吉浜奇跡の集落」と刻まれています。吉浜地区は、明治大津波の大被害の後に「高台集団移転」を実行にうつし、昭和大津波を経て、「高台移転」を成功させた地域です。このような歴史的いきさつがあり、東日本大震災では、被害を最小限に抑えることができ「奇跡の集落」と呼ばれています。

　建立のきっかけは、吉浜中学校の村上校長でした。震災時には、釜石東中の副校長として生徒の避難を指揮しました。吉浜中学校に校長として着任し、地域住民の高い防災意識に感銘を受けました。そして、「先人の思いを末永く語り継いでほしい」との思いから、「津波記憶石」の建立を石材店団体に依頼しました。

建立された「津波記憶石」

吉浜中の生徒が制作した"津波碑文"

　生徒達は、「津波記憶石」とは別に"津波碑文"を建てることにしました。吉浜地区が千年後もまた、奇跡の集落であるようにとの願いからです。碑文は、文頭の文字を並べると「きせきのしゅうらく」となるように工夫を凝らしました。

　　　　　　　　　　　　　　　　　　　　　　　　
　き：絆を大切に　希望をもって生きる
　せ：先人の教えを守り　生かされた命
　き：きっと　また来る　大津波
　の：のぼれ！山へ　高台へ
　しゅ：集落みんなの命　守るため
　う：美しい海　青い空　私の故郷
　ら：らせん階段のように　みんなで語り伝え
　く：暮らしてゆこう　奇跡の集落　吉浜の里で
　　　　　　　　　　　　　　　　　　　　　　　　

　平成26年度生徒会の取り組みにより、碑文は石に刻まれます。生徒会では、石碑建立のために「リサイクルデー」を設け、資源回収をしながら資金集めをしています。また、中学生交流をしている全国の中学校に支援金の協力を呼びかけています。碑文を刻む石は、吉浜湾から掘り出された石に決まり、石材店に発注をしたところです。碑文は、2014年12月中に「津波記憶石」の近くに設置する計画です。

津波演劇を通して先人の教えを学ぶ

　吉浜中学校の生徒たち（当時32名）は、2013年10月の文化祭で津波を題材にした演劇に取り組みました。生徒たちは、「高台移転が津波から命を守った」という過去の歴史と教訓を学び、この事実を伝えていくことが大事なことだと考えたのです。生徒たちは、地元の歴史研究家や東日本大震災で被災した方々を学校に招き、インタビューを行い、後世に残したい言葉を集め演劇台本を作りました。生徒達は、「地域の過去の出来事が分かり、地元の人々を演じることで、当時の人々の苦悩や『高台移転』を成功させた事実の大きさを、自分のことのように理解できた」と感想を話しています。まさに真に迫る演技で、先人の教えが防災学習に生きていることを実感できます。津波演劇は、さらなる深化を目指して、今後も吉浜中学校の生徒を中心に継承されてゆくことでしょう。

碑文が刻まれる石

＜第2幕＞村人に「高台移転」を説得する場面
中央は柏崎丑太郎村長の役：生徒

吉浜小・中学校の合同津波避難訓練

　毎年10月に、吉浜小学校と吉浜中学校合同の下校時津波避難訓練を行っています。平成25年度の訓練は、吉浜小全校児童65名、吉浜中全校生徒32名に加え、地域住民約80名参加のもと、地区委員、地区公民館長、警察官、交通指導員、スクールガード、吉浜地区拠点センター等の協力を得て行われました。災害が発生した場合は、地区委員を中心とした体制になることから、平成23年度より、このような体制で実施しています。

　吉浜地区は、明治と昭和の二度の大津波のいたましい反省から、高台に集団移転したという経緯があります。その事により東日本大震災では、建物被害及び人的被害は最小となりました。

　このような非常時における集団避難訓練を通して、子どもたちの防災意識は高くなっています。また、地域の宝である子ども達を地域が一つになり守っていくという意識の構築にもつながっています。今後は、さらに主体的に判断し、避難行動ができる"吉浜っ子"に育てていきたいと思っています。

　平成26年度の吉浜小学習発表会では、5年生が絵本「吉浜のつなみ石」をヒントに「あさたろう旅日記～津波石編～」と題して劇を演じました。「津波から吉浜の人々を守りたい」という"つなみ石"の想いが感動を呼びました。

防災無線を聞いて

地区ごとに下校している様子

つなみ石が旅人に想いを語る場面

※お問い合わせ
大船渡市立吉浜中学校　電話0192(45)2153
大船渡市立吉浜小学校　電話0192(45)2016

お披露目された津波記憶石に、教訓を末永く語り継ぐことを誓う吉浜中生徒と吉浜小児童。防災の大切さを伝える重要な役割を担う

先人の教え 防災学習に

大船渡・吉浜中

大船渡市三陸町の吉浜の吉浜中（村上洋子校長、生徒35人）は、吉浜地区への「津波記憶石」建立に住民とともに関わり、防災学習の意識を高めています。吉浜地区は高台での生活を先人の代から守り続け、東日本大震災では被害を最小限に抑え、「奇跡の集落」と呼ばれています。生徒は古里を守ってくれた先人の思いを胸に刻み、碑文を考えたり、津波を題材とした演劇などに挑戦。教訓を後世に語り継ぐ、大切な役割を担っています。

碑文考え、演劇に挑戦

津波記憶石の除幕式は3月25日に行われ、吉浜小、中生や地域住民ら約200人が出席。石碑は黒御影石製で、高さ約2㍍、正面に「吉浜 奇跡の集落」と刻まれています。

吉浜地区は1896（明治29）年の明治三陸大津波、1933（昭和8）年の昭和三陸大津波で多くの犠牲者が出ました。当時の村長の指導で高台移転を進め、東日本大震災では地区内の犠牲者が1人にとどまりました。

建立のきっかけをつくったのが村上校長です。村上校長は震災時、釜石東中の副校長として生徒の避難を指揮しました。吉浜中に赴任

地域と共に意識高める

し、地域住民の防災意識の高さに感動。先人の思いを末永く語り継いでほしいと、記憶石の建立を石材店団体に依頼しました。

昨年10月の文化祭で生徒も独自に碑文を考えるなどして建立計画に関わりました。碑文は、文頭の文字を並べると「きせきのしゅうらく」となるよう工夫を凝らしました。記憶石には刻まれる

奇跡の集落
きくらうしのきせき

き 絆を大切に 希望を持って生きる
せ 先人の教えを守り 生かされた命
き きっと また来る 大津波
の のぼれ！山へ 高台へ
しゅ 集落みんなの命守るため
う 美しい海 青い空 私の故郷
ら らせん階段のように みんなで語り伝え
く 暮らしてゆこう 奇跡の集落 吉浜の里で

前生徒会長の東玲くん（大船渡高1年）は「先人の教えを末永く伝えるためにも、記憶石ができてうれしい。佐藤理子さん（3年）は「碑文は、先人が高台移転を進めて吉浜の歴史を伝えて後輩にも、いろんな形で吉浜はすごい、ということを知ってほしい」と学習の継続のが後世に伝わるようを願います。

岩手日報2014年4月5日(土)掲載

49

「よしはま元気組」の取り組み
漁師の目線で伝える「3.11」

　東日本大震災のあと、しだいに落ちつきを取りもどしてきた被災地には、被災の様子を生で見て学びたいと、多くの視察研修者が被災地を訪れるようになりました。

　吉浜の20〜40代の漁師たちでつくる「よしはま元気組」は、このような人たちに漁師の立場で経験した被災の状況を伝え、さらには漁業の仕事も体感してもらおうと、三陸鉄道と共同で「吉浜・海からのフロントライン研修」を企画し、学生や職業人から喜ばれています。

海の上で語る話は、陸の上で聞くのとは違い、話し手と聞き手の間に深い共感が湧きます

約1時間の船上研修の後半には、ホタテの養殖棚に行って、採れたてのホタテを味わってもらいます
地元の人でさえもなかなかできないこの経験に、参加者は海の豊かさを体感します（写真右）

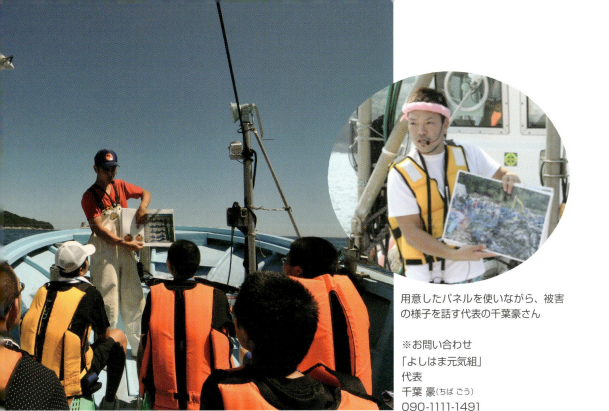

用意したパネルを使いながら、被害の様子を話す代表の千葉豪さん

※お問い合わせ
「よしはま元気組」
代表
千葉 豪(ちば ごう)
090-1111-1491

湾内の船上で記念写真を撮る団体研修のメンバー

※写真協力／大船渡スタジオ

51

平成三陸大津波(東日本大震災)記録集

『その時私は‥』の発刊にあたって

東　堅市
吉浜地区公民館長

「記録集」発刊のいきさつ

　私達の吉浜地区では、お一人の方が亡くなり、4軒の家と民宿、造船場を失いました。また、沖田・川原耕地は、波が押し寄せて砂をかぶり、耕作が不能になりました。湾内の5つの漁港は、堤防が倒壊し、ほとんどの船を失い、定置網やワカメ・ホタテの養殖施設が全滅。漁協の事務所や倉庫、ガソリンスタンドは水没して使用できなくなりました。

　このように、地区内の被害は決して少なかった訳ではありませんが、それでも、近隣の集落と比較すると、軽微であったため内外の報道機関から「奇跡の集落」と注目されました。

　吉浜の津波の高さは「東海新報」に17メートルと記録されていますが、それにしても想定外の大きな津波で、自然の脅威を目の当たりにしたという感じでした。道端で会う人会う人皆が皆、大きく目を見開いて「沖の方まで水が引いで、海底が薄赤色に見えだった」「波が吉浜海岸に寄せると沖の方が低くなって、波が引くと沖の方が高くなって、まるで大きなたらい動かしてるようだった」などなど。恐ろしそうに自分の体験を語っていました。

　それから半年後、秋色も濃くなる10月になってのこと。「この記憶、驚き、恐怖をさめない内に"津波体験記"にまとめなければ」と思いました。早速、公民館報で「津波体験文集の制作」を知らせ、投稿を呼びかけました。ところが、すぐには、投稿者は出てきませんでした。そこで、「地震の後にすぐに高台に避難した方の体験」を聞き書きし、それを公民館報に例文として掲載し、再度投稿を呼びかけるようにしました。同時に、いろいろな形で避難した人達に声をかけるようにしました。そうしたところ、皆さんが快く協力してくれました。

　漁協組合長の庄司尚男さんには、「漁業の復旧・復興に向けた取り組みについて」郷土歴史家の木村正継さんには、"奇跡の集落"につながる「吉浜における津波の歴史」について特別に寄稿をお願いし、快くお引き受けいただきました。

　集まった原稿は、その都度入力し、印刷してから一旦ご本人にお返しし修正や校正をしていきました。そして、翌年の4月20日、復旧・復興に向けお忙しい中、寄稿いただいた

皆さんのおかげで、「平成三陸大津波の記録集」を発刊することができました。尚、この「記録集」の制作に当たり、相模原市立相模原公民館（神奈川県）では、「吉浜公民館文集制作支援募金」に取り組んでくださり、たくさんの支援を賜りました。改めて御礼申し上げます。ありがとうございました。

終わりに

　震災から３年半が過ぎようとしています。吉浜では、漁民全員分の船がそろい漁業は復活しました。耕地の整理も進んで、春からは部分的ではありますが田植えができました。また、三陸道の大きな陸橋がつながり、越喜来へ続くトンネルも貫通しました。根白漁港の工事も急ピッチで進み、新しい吉浜の到来を感じさせてくれます。

　これは、高台移転を実現し、「奇跡の集落」を生んだ先人の偉業があってのことですが、今を生きる私達の津波に対する的確な判断があり、素早い避難行動をとることができたからでもあります。震災後は、漁協を始め、農地復興委員会等のリーダーとなる人たちが、昼夜を問わずに会議を重ねながら住民の意向をまとめ、事業の推進にあたってくれました。"吉浜"には、手本とすべきすばらしい人達がたくさんいます。老若男女、知恵を出し合い、協力し合いながら、「奇跡の集落」ならではの魅力あふれる地域を、みんなの力で築いて欲しいと願っています。

▼写真で見る震災津波の様子

川原・沖田耕地に押し寄せる津波

津波後の川原・沖田耕地

根白漁港に押し寄せる津波

漁民総出によるガレキの片付け

記録集『その時私は・・』より

間一髪の脱出

根白 こつぼともゆき
小坪智幸（当時43歳）

　その日メバルが大漁でした。千歳の堤防で、網にかかった魚を外し終わったときは午後2時を過ぎていました。一服をし、明日の漁のために「あみたどかし」をしているときに地震がありました。海に浮かんでいる船が跳ね上がるほどの揺れの強さに驚き、皆その場にしゃがみこんで揺れが止むのを待ちました。「これはただごとではない」と思いながら携帯電話を開いたら、既に通話ができませんでした。すぐに船に乗りこんでエンジンをかけて、FM放送を聞きました。「大津波警報発令」との声が聞こえました。そこで、父と2人で網を入れたカゴを積もうと思ったら海面が下がっていて、船を係留しているロープがビーンと強く張っていました。「すぐに逃げなければ」と思い、父と2人で船に飛び乗りました。係留しているロープを解こうとしたら、固く締まって解けそうにありません。あわてて出刃包丁で切り、急いで岸を離れました。

　漁港の水は緑色ににごり、防波堤の先には渦が巻いていました。船を走らせようとしましたが、引き波が強くなってかじが利きません。
「とう（父）、かじがきかねえ。」
オモテ（前部）にいる父に助けを求めました。
「エンジンの回転を上げろ、津波に負けないようにふかせ！」
と言うのです。しかし、船が横になっているので、それができません。その時、一瞬、船が左右に揺れ、ヘ先がまっすぐ沖を向いたので一気にエンジンの回転を上げ、全速力で千歳根（水深100m）の近くまで逃げました。その間、ラジオは「釜石4メートル」「大船渡6メートル」の津波と言っていたように思います。津波が来たのかこれから来るのか…。まずは、無事

に沖に逃げれたことに安堵しましたが、ラジオが伝えてくるその後の状況を聞いて身体が震えました。

　沖に出ると潮の流れは速く感じましたが、波の高さは全く分かりませんでした。あたりを見回すと5〜6隻の船がいて、仲間がいることに少し安心しました。

　私は、根白漁港の様子を聞こうと思い、その船の方に寄りました。その時、しぶきを上げて根白の方に押し寄せて行く波が見えました。それが弁天埼のところで高くなって防波堤の赤い灯台を呑み込み、その高さまで持ち上げられた船が、一瞬でゴロンとひっくり返るのが見えました。その向こうの吉浜海岸では、白い波頭が海水浴場の松林を被い、民宿キッピンを呑み込んでゆきました。あまりの光景に、ただ唖然とするばかりでした。そして気が付くと船は、ワカメのイカダがあった所まで流されて来ていて、そこにあったはずのたくさんのイカダは、一つも見当たりませんでした。

　「終わったなあ」と、これまでの自分の漁業の営みが断ち切られたような感じがしました。側にいた父が、遠方をうつろに見つめながら
「大変な事ぁ起きてしまったな」
と、ポツリと言ったのを覚えています。

　その内に引き波に変わり、沖に向かう流れが速くなりました。また、次の波が来ると思って千歳の前まで戻りました。千歳の磯や島は潮が引いて、今まで見たことがない根（海底にある岩礁）がいくつも現れ、赤黒い肌を見せていました。南に見える首埼という岬の形が変わっていました。悪魔が襲いかかって来るような恐ろしい光景でした。

　沖で一夜を過ごし、家に帰る事ができたのは、次の日の夕方でした。今回は、間一髪、沖に逃げて助かりました。あの時、もし海が荒れていたら。もし自分一人だったら、助かっただろうか。結果的には、自分の命と財産である船を守ることができたわけですが、果たして、あの時の「沖に逃げる」という判断は正しかったかどうか、今も結論を出しかねています。

54

※写真は小坪さん親子が乗って逃げた「辨天丸」

三陸町綾里の津波博士
山下文男さん
やましたふみお

Column 3

　山下さんは大正13年（1924年）に三陸町綾里村に生まれました。山下さんが生まれる26年前、明治29年（1898年）に発生した明治三陸大津波では、綾里村の半数以上の人が亡くなり（42ページ参照）、山下さんの一族も9人亡くなったといいます。そして昭和8年（1933年）、山下さんが9歳の時には昭和三陸津波を経験しました。

　このような背景の中で生まれ育った山下さんは、その後歴史地震研究会の会員として津波防災活動に従事し、『哀史三陸津波』（青磁社）『津波てんでんこ－近代日本の津波史』（新日本出版社）『津波ものがたり』『津波の恐怖－三陸津波伝承録』（東北大学出版会）『津波と防災－三陸津波始末』（古今書院）などのたくさんの本を著しました。

　書名に使われている「津波てんでんこ」という言葉は、東日本大震災後のテレビや新聞などでも随分と使われた言葉で、「各自」とか「めいめい」を意味する「てんでん」に、東北方言などで見られる縮小辞「こ」をつけた言葉です。平成2年（1990年）に岩手県下閉伊郡田老町（現・宮古市）で開催された第1回「全国沿岸市町村津波サミット」で、山下さんらによるパネルディスカッションから生まれた標語だと言われています。

　この言葉は「他人にかまわず、自分だけでもすぐに逃げて助かれ」と利己主義的にとらえる人もいますが、本意は違います。標語の意図は「他人を置き去りにしてでも逃げよう」ということではなく、あらかじめ互いの行動をきちんと話し合っておくことで、離れ離れになった家族を探したり、とっさの判断に迷ったりして逃げ遅れるのを防ぐのが第一であるということです。

　明治三陸津波で村の半数以上の人が死に、家系を絶やした家を間近で見ていた山下さんにとって、たった一人でも助かって「命を未来へとつないでほしい」という深い意味も込められているように思います。

55

「地域の足・三陸鉄道」
奇跡の復活から学ぶ

南リアス線

　日本で一番広い県の岩手県。その沿岸部を南北に走る三陸鉄道は日本で最初の第3セクターの鉄道として誕生しました。

　過疎地の地域の足として懸命の経営を続けていた三鉄にとって、今回の大震災はまさに存亡の危機。

　その三鉄が、わずか三年で復活を遂げた軌跡の中に、さまざまな学びのポイントがあるように思います。

2014年4月5日三陸鉄道南リアス線全線開通、翌日には南北リアス線が全線開通しました。写真は大船渡市の盛駅で行われた、南リアス線の全線再開セレモニー（写真提供／三陸鉄道（株））

いつも地域とともに、三陸鉄道の使命

水没した南リアス線 盛(さかり)車両基地。写真の3両は海水に浸され廃車されてしまった（2011年3月11日撮影）

「陸の孤島」と呼ばれた三陸の人々にとって、沿岸を縦断する三陸鉄道の開業はまさに夢の実現でした。高校への通学、病院への通院、そして毎日の買い物など地域住民にとって欠くことのできない「足そのもの」がこの三鉄でした。

その三陸鉄道も、開業から10年は黒字でしたが、車の普及や少子化などの影響でその後は赤字続き。そんなときに発生したのが東日本大震災でした。この震災で、南北107キロに及ぶ線路のうち流出は約6キロ、317箇所が被害を受けました。

沿岸住民にとっても、三鉄にとっても絶体絶命のピンチのこのとき、三陸鉄道の望月正彦社長を奮い立たせたのは、「鉄道は動かなければただの鉄の固まりだ。速やかに、部分的にでも復旧させなければ、三鉄不要論もわいてくるだろう。（中略）一番困るのは、置き去りにされる沿線の利用者だ。オレたちを待っている人たちがいる。三鉄が動くことを待ち望んでいる人たちがいる…」（『三陸鉄道情熱復活物語 笑顔をつなぐ、ずっと・・』より）という強い使命感でした。

この強い思いで震災の5日後の16日には「久慈から陸中野田を走らせるぞ」と宣言。そして、「3年後には全線再開する」事を宣言し周囲を驚かせました。

そして震災から3年後の2014年4月6日、南北リアス線が全線開通を果たしたのです。この再開には、鉄道事業に対する強い使命感とそれに共感し協力する多くの地域住民やサポーター、そして全国・海外からの多くの援助がありました。使命感を持った常日頃の姿勢があればこそ、この大ピンチの時に多くの援助を得ることが出来たのだと思います。

（この間の詳細については三陸鉄道・開業30周年記念として制作された『三陸鉄道情熱復活物語 笑顔をつなぐ、ずっと・・』をぜひとも読んでみてください）

停電のため使用できなくなった本社事務所にかわり、定時に出発することなく宮古駅に残された1両のディーゼル車両が「災害対策本部」に。
ディーゼル車のため、灯りも暖房も機能し、災害携帯電話を駆使して情報収集と連絡・指示が行われ、初動の活動に貢献した。
（左から望月社長、村上総務課長、菊池総務部長）

壊滅した南リアス線・陸前赤崎駅周辺
（大船渡市／2011年3月12日）

流出した南リアス線・荒川橋梁（釜石市／2011年3月13日）

震災後の運賃収入がほとんど見込めない中、被災したレールで手づくりし大ヒットした「復興祈願レール」。販売開始から24時間で完売し、額にして800万円を瞬く間に売り切り、貴重な収入源になった

「震災学習列車」でマイクを握るのは三鉄の職員。慣れないマイクだが、自身の震災体験を話すので学生たちの心にもしっかりと届く。
「震災学習列車」は2012年6月から北リアス線で実施され、2013年6月からは南リアス線でも実施されている。
開始から1年半で173団体、8046名の学生を運び、多くの人たちに喜ばれ、三鉄の売上にも貢献している。
（大船渡市三陸町　吉浜駅／2013年8月19日）

クウェート国は、東日本大震災後すぐに、原油500万バレルの原油を日本に寄贈、400億円に相当する支援をした。その資金を使ってつくられた新型車両が4両、南リアス線に配備された。車両のヘッド部分にはクウェート国の紋章が配され、南リアス線再開の式典に参列したクウェート国のアブドゥルラフマーン・アルオタイビ駐日特命大使は、「このような形で被災した皆さんを応援できたことを、嬉しく思います。当国の紋章を付けた列車が毎日、この被災した三陸の沿岸を走ります。日本とクウェートの友好は永遠に続くでしょう」と挨拶した。

三鉄の復旧には多くの著名人・芸能人、そして企業などの支援があった。写真は「一日駅長」を勤めてくれた、右から杉良太郎さん・瀬川瑛子さん・山本譲二さん・伍代夏子さん・清水宏保さん。

2014年4月5日盛駅（大船渡市）

※写真協力／三陸鉄道㈱

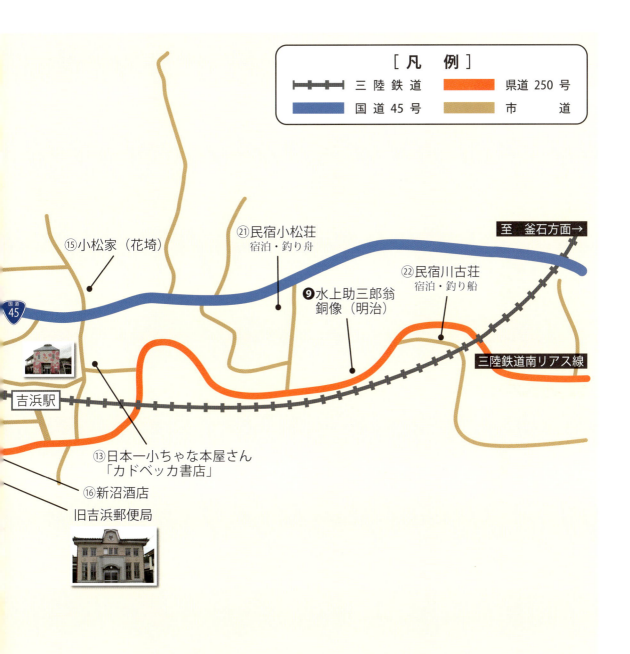

[石碑解説]
※ナンバーは図中番号

❶海嘯慰霊碑（明治）

明治の大津波で犠牲になった方々のご芳名が記されています。

❷開墾碑（明治～昭和）

明治の大津波後から昭和にかけての吉浜村開墾の記録が記されています。

❸津波記念石（昭和）

昭和の大津波で流されてきた重さ約30トンの岩。「津波石」と呼ばれています。

❹津波記念碑（昭和）

「大地震の後には津波がくる」などの津波の教訓が刻まれています。

❺津波追憶碑：鳥居跡（昭和）

薄らぎつつある津波の恐ろしさを今に伝える追憶の碑（左）
昭和の大津波で破損した鳥居跡（右）

❻津波記憶石（平成）

先人の教えを受け継ぎ、大津波から命と財産を守ったことを顕彰する「吉浜 奇跡の集落」のモニュメント。

探訪SPOT

記念写真におすすめ
吉浜駅

レトロな旧吉浜郵便局

❼ **水準点（津波基準）**
「これより下に家を建てない」基準の高さになっています。（H：16m）

⑧ **石川啄木歌碑（明治）**
「潮かおる　北の浜辺の　砂山の　かの浜薔薇よ　今年も咲けるや」
石川啄木は、明治33年盛岡中学校三年の時に修学旅行で吉浜海岸を訪れ短歌を詠んでいます。

⑨ **水上助三郎翁銅像（明治）**
吉浜出身の水上助三郎は、オットセイ王と呼ばれ、「育てる漁業」の先駆者として、漁業の発展に貢献しました。

⑩ **新沼家（館）**
新沼武右衛門村長の実家。

⑪ **柏崎家（太田新家）**
柏崎丑太郎の実家。

⑫ **柏崎家（川原）**
石川啄木が泊まった宿。

⑬ **日本一小ちゃな本屋さん「カドベッカ書店」：019（45）2337**
「ふろしきづつみ」他、吉浜を題材とした震災絵本を置いています。

⑭ **石橋造船所**
震災後に再建。数多くの漁船を修理。
平泉毛越寺の船を建造。
吉浜で唯一の造船所。

⑮ **小松家（花埼）**
伝統的な気仙大工の家。

⑯ **新沼酒店：019（45）2028**
「酔仙」などの地酒を揃えています。

⑰ **スーパー白木沢：019（45）2451**
お弁当やカップ麺などが買えます。

⑱ **渡辺商店：019（45）2061**
雑貨や衣類など何でも揃っています。

⑲ **岡崎つり具：019（45）2021**
釣り具、釣りエサ。

⑳ **吉浜ローソン：019（45）2297**

㉑ **民宿小松荘：019（45）2210**
宿泊・釣り船。

㉒ **民宿川古荘：019（45）2316**
宿泊・釣り船。

テキスト発刊の "あいさつ"にかえて

吉浜 教えの里プロジェクト
代表
菊地 耕悦

2011年3月11日、吉浜地区も例外なく大津波により、甚大な被害を受けました。失意のどん底にあって、希望を与えてくれたのは、同年6月の「津波記念石」の出現でした。当時は、死者・行方不明者は増えるばかりでした。ほとんどのイベントは、自粛または中止となりました。「この先、日本はどうなるんだろうか」という不安の中で、偉大な先人が残した「つなみ石」が進む道を照らしてくれたのです。同時に私達は、先人の知恵や努力による「高台集団移転」の大きな恩恵を受けていたことに気付かせられたのです。人的被害が小さかったことに加え、地域のみなさんの献身的な協力により復旧・復興は順調に進みました。

震災から3年が経過した今日、百年に亘り受け継いできた津波防災の教訓と高台移転の事実を吉浜から発信すべく機が熟したと考え、"みんなの震災学習テキスト「吉浜のつなみ石」"の発刊の運びとなり

ました。

書籍の発刊に際しましては、八尾中央ロータリークラブ様、大阪鶴見ロータリークラブ様、東京田園調布ロータリー様、大船渡西ロータリークラブ様より多大なるご支援を賜り、心より感謝と御礼を申し上げます。また、快く資料提供をいただきました三陸鉄道様をはじめ、関係の皆様、テキスト編集にご尽力いただいたイー・ピックス大船渡印刷様、本当に有り難うございました。

テキスト中の吉浜地区の事例が、みな様の防災に対する考え方や郷土に対するとらえ方のいくらかの参考になり、大切なご家族や友人と過ごす "楽しい未来への旅" のお役に立てることを切に希望しています。

最後となりますが、震災から何年経ったとしても、遺族の深い悲しみが消えることがありません。津波で亡くなられた方々のご冥福を心からお祈り申し上げます。